escola - Šola   2
viagem - Potovanje   5
transporte - Prevoz   8
cidade - Mesto   10
paisagem - Pokrajina   14
restaurante - Restavracija   17
supermercado - Supermarket   20
bebidas - Pijače   22
comida - Hrana   23
quinta - Kmetija   27
casa - Hiša   31
sala de estar - Dnevna soba   33
cozinha - Kuhinja   35
casa de banho - Kopalnica   38
quarto de criança - Otroška soba   42
vestuário - Oblačilo   44
escritório - Pisarna   49
agricultura - Gospodarstvo   51
profissões - Poklici   53
ferramentas - Orodje   56
instrumentos musicais - Glasbeni instrument   57
jardim zoológico - Živalski vrt   59
desporto - Šport   62
atividades - Dejavnosti   63
família - Družina   67
corpo - Telo   68
hospital - Bolnišnica   72
emergência - Nujni primer   76
terra - Zemlja   77
relógio - Ura   79
semana - Teden   80
ano - Leto   81
formas - Oblike   83
cores - Barve   84
opostos - Nasprotja   85
números - Števila   88
idiomas - Jeziki   90
quem / o quê / como - Kdo / kaj / kako   91
onde - Kje   92

Impressum
Verlag: BABADADA GmbH, Nedderfeld 112 , 22529 Hamburg
Geschäftsführer / Verlagsleitung: Harald Hof
Druck: Books on Demand GmbH, In de Tarpen 42, 22848 Norderstedt

Imprint
Publisher: BABADADA GmbH, Nedderfeld 112 , 22529 Hamburg, Germany
Managing Director / Publishing direction: Harald Hof
Print: Books on Demand GmbH, In de Tarpen 42, 22848 Norderstedt, Germany

escola
Šola

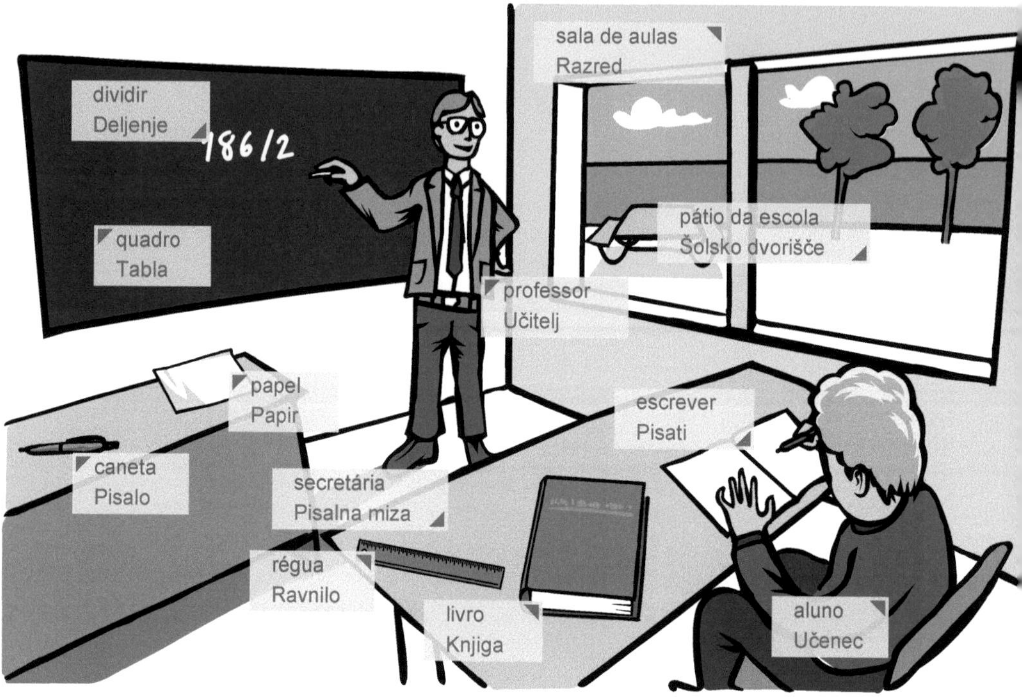
sala de aulas
Razred
dividir
Deljenje
186/2
quadro
Tabla
pátio da escola
Šolsko dvorišče
professor
Učitelj
papel
Papir
escrever
Pisati
caneta
Pisalo
secretária
Pisalna miza
régua
Ravnilo
livro
Knjiga
aluno
Učenec

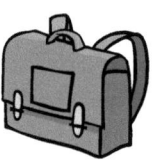

mochila

Šolska torba

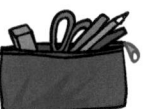

estojo de lápis

Peresnica

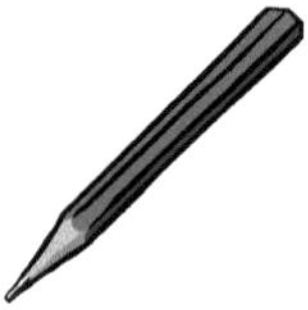

lápis

Svinčnik

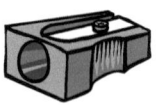

afia-lápis

Šilček

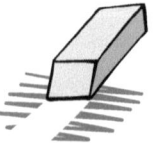

borracha

Radirka

bloco de desenho

Risalni blok

desenho

Risba

pincel

Čopič

caixa de tintas

Vodene barvice

tesoura

Škarje

cola

Lepilo

livro de exercícios

Zvezek

trabalhos de casa

Domača naloga

número

Število

somar

Seštevanje

subtrair

Odštevanje

multiplicar

Množenje

calcular

Računanje

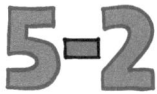

letra

Črka

alfabeto

Abeceda

palavra

Beseda

texto

Besedilo

ler

Brati

giz

Kreda

hora

Učna ura

registo de presenças

Redovalnica

exame

Preizkus znanja

certificado

Spričevalo

uniforme escolar

Šolska uniforma

educação

Izobrazba

enciclopédia

Enciklopedija

universidade

Univerza

microscópio

Mikroskop

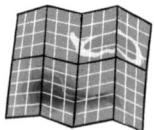

mapa

Zemljevid

cesto de lixo

Koš za smeti

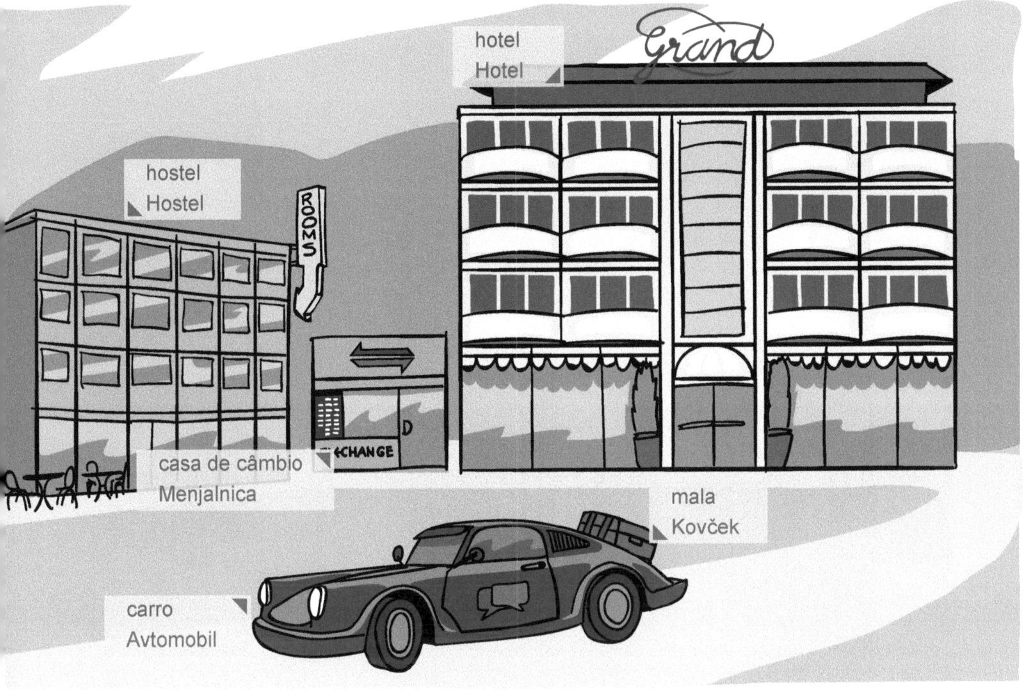

hotel
Hotel
Grand
hostel
Hostel
ROOMS
EXCHANGE
casa de câmbio
Menjalnica
mala
Kovček
carro
Avtomobil

idioma

Jezik

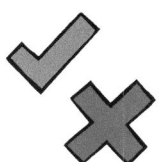

sim / não

da / ne

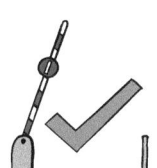

ok / certo / correto

Prav

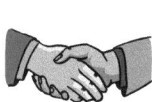

olá

Pozdravljeni

intérprete

Prevajalec

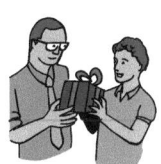

obrigado

Hvala

quanto é que custa... ?

Koliko stane...?

não entendo

Ne razumem

problema

Težava

boa noite!

Dober večer!

Bom dia!

Dobro jutro!

Boa noite!

Lahko noč!

adeus

Nasvidenje

direção

Smer

bagagem

Prtljaga

saco

Torba

mochila

Nahrbtnik

convidado

Gost

quarto

Soba

saco-cama

Spalna vreča

tenda

Šotor

informação turística

Turistične informacije

praia

Plaža

cartão de crédito

Kreditna kartica

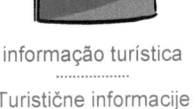

pequeno-almoço

Zajtrk

almoço

Kosilo

jantar

Večerja

bilhete

Vozovnica

elevador

Dvigalo

selo postal

Znamka

fronteira

Meja

alfândega

Carina

embaixada

Veleposlaništvo

visto

Vizum

passaporte

Potni list

transporte
Prevoz

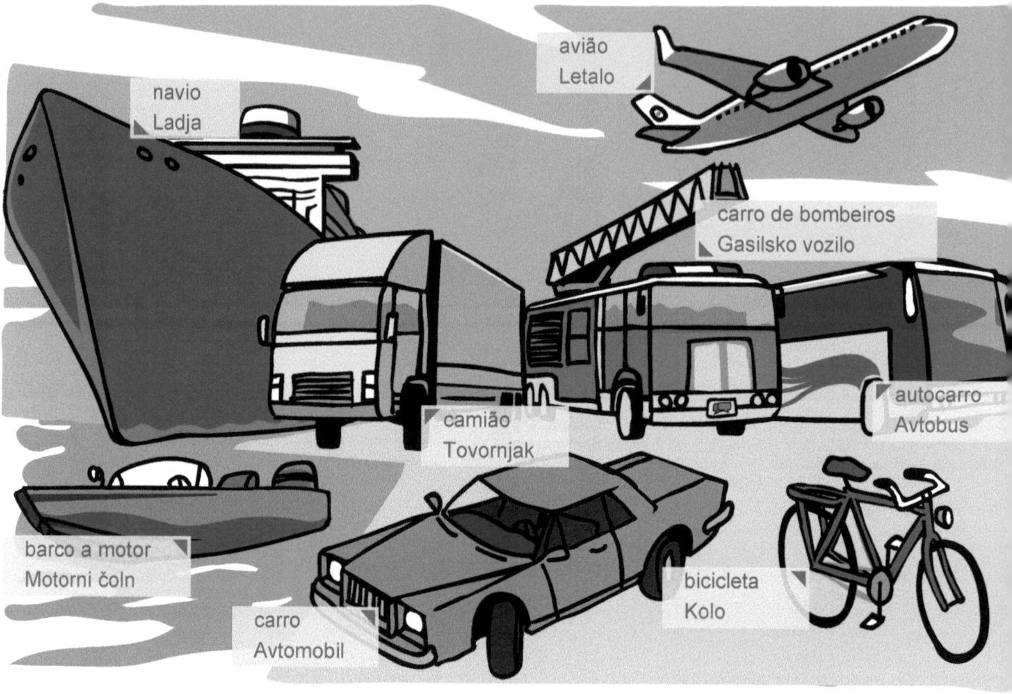

avião
Letalo
navio
Ladja
carro de bombeiros
Gasilsko vozilo
autocarro
Avtobus
camião
Tovornjak
barco a motor
Motorni čoln
bicicleta
Kolo
carro
Avtomobil

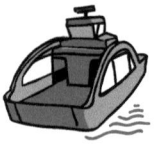

cacilheiro

Trajekt

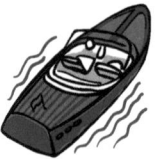

barco

Čoln

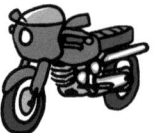

mota

Motorno kolo

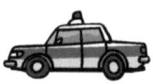

carro de polícia

Policijski avto

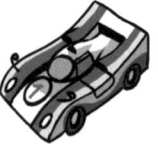

carro de corrida

Dirkalni avto

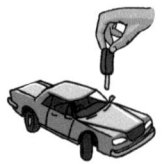

carro alugado

Najeto vozilo

carsharing

Souporaba avtomobila

camião de reboque

Avtovleka

camião do lixo

Smetarsko vozilo

motor

Motor

combustível

Gorivo

estação de serviço

Bencinska postaja

sinal de trânsito

Prometni znak

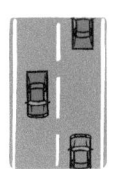

trânsito

Promet

congestionamento de trânsito

Zastoj

parque de estacionamento

Parkirišče

estação ferroviária

Železniška postaja

carris

Tirnice

comboio

Vlak

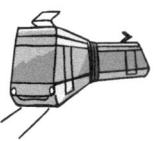

elétrico

Tramvaj

carruagem

Vagon

helicóptero

Helikopter

aeroporto

Letališče

torre

Stolp

passageiro

Potnik

contentor

Kontejner

caixa de papelão

Karton

carrinho

Voziček

cesto

Košara

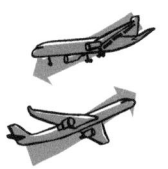

levantar voo / aterrar

vzleteti / pristati

cidade
Mesto

aldeia

Vas

centro da cidade

Mestno jedro

casa

Hiša

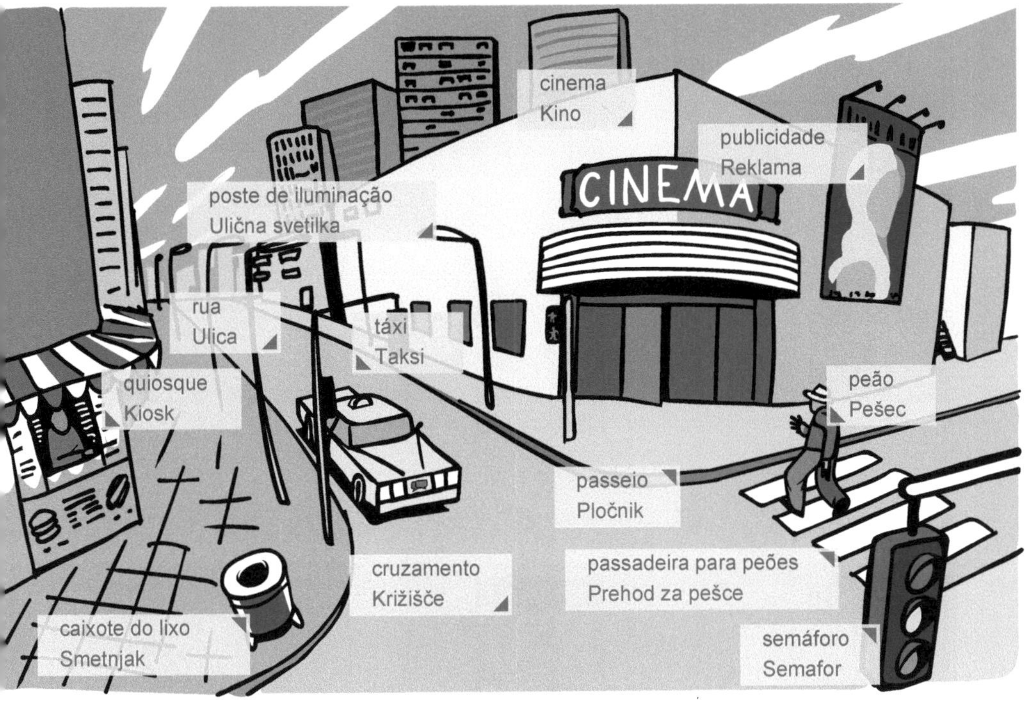
cinema
Kino
publicidade
Reklama
CINEMA
poste de iluminação
Ulična svetilka
rua
Ulica
táxi
Taksi
quiosque
Kiosk
peão
Pešec
passeio
Pločnik
cruzamento
Križišče
passadeira para peões
Prehod za pešce
caixote do lixo
Smetnjak
semáforo
Semafor

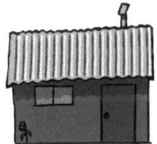

cabana

Koča

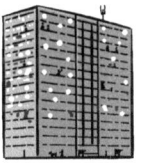

apartamento

Stanovanje

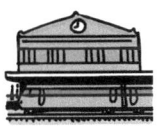

estação ferroviária

Železniška postaja

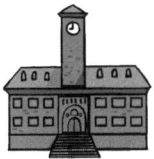

câmara municipal

Mestna hiša

MUSEUM

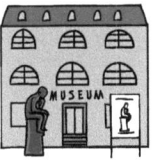

museu

Muzej

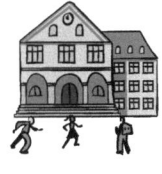

escola

Šola

universidade

Univerza

banco

Banka

hospital

Bolnišnica

hotel

Hotel

farmácia

Lekarna

escritório

Pisarna

livraria

Knjigarna

loja

Trgovina

florista

Cvetličarna

supermercado

Supermarket

mercado

Tržnica

loja de departamentos

Veleblagovnica

peixaria

Ribarnica

centro comercial

Nakupovalno središče

porto

Pristanišče

parque

Park

banco

Klop

ponte

Most

escadas

Stopnice

metro

Podzemna železnica

túnel

Predor

paragem de autocarro

Avtobusno postajališče

bar

Bar

restaurante

Restavracija

caixa de correio

Poštni nabiralnik

sinal de trânsito

Ulična tabla

parquímetro

Parkirna ura

jardim zoológico

Živalski vrt

piscina

Kopališče

mesquita

Mošeja

quinta

Kmetija

poluição

Onesnaževanje

cemitério

Pokopališče

igreja

Cerkev

parque infantil

Otroško igrišče

templo

Tempelj

paisagem

Pokrajina

folha
List

placa de sinalização
Kažipot

caminho
Pot

prado
Travnik

pedra
Kamen

árvore
Drevo

caminhantes
Pohodnik

rio
Reka

relva
Trava

flor
Cvetlica

vale
Dolina

montanha
Hrib

lago
Jezero

floresta
Gozd

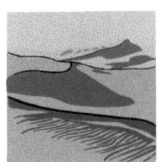

deserto
Puščava

vulcão
Vulkan

castelo
Grad

arco-íris
Mavrica

cogumelo
Goba

palma
Palma

mosquito
Komar

mosca
Muha

formiga
Mravlja

abelha
Čebela

aranha
Pajek

besouro

Hrošč

sapo

Žaba

esquilo

Veverica

ouriço

Jež

lebre

Zajec

coruja

Sova

pássaro

Ptič

cisne

Labod

javali

Divji prašič

veado

Jelen

alce

Los

barragem

Jez

turbina eólica

Vetrnica

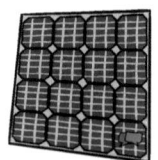

painel solar

Solarna plošča

clima

Podnebje

restaurante
Restavracija

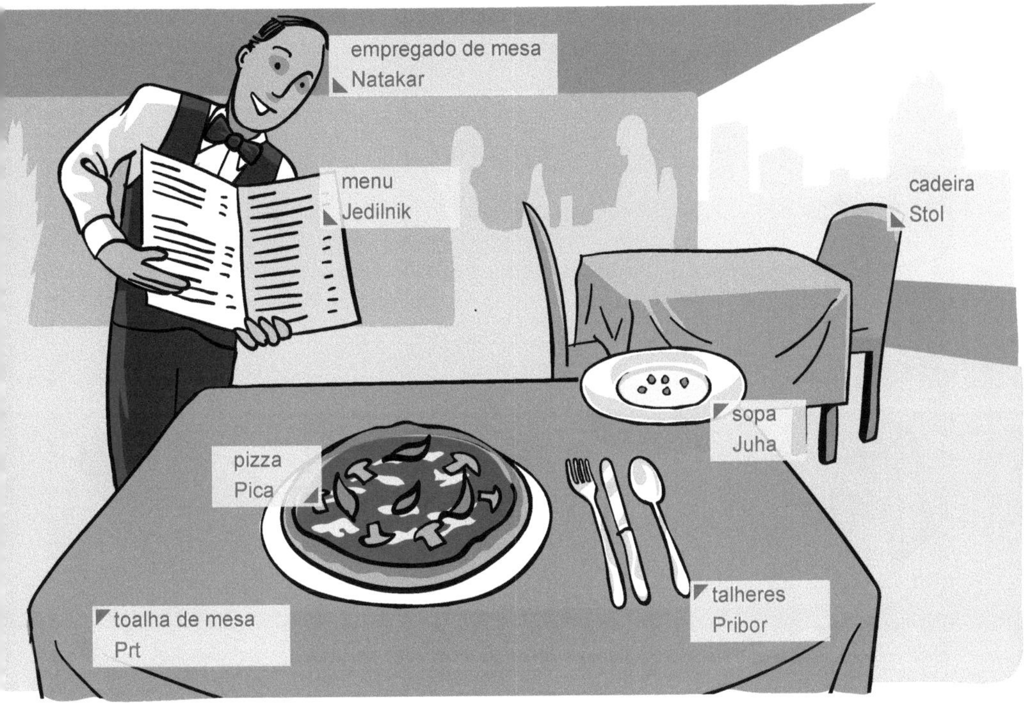

empregado de mesa
Natakar
menu
Jedilnik
cadeira
Stol
sopa
Juha
pizza
Pica
toalha de mesa
Prt
talheres
Pribor

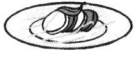

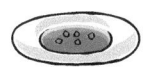

entrada
Predjed

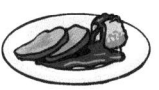

prato principal
Glavna jed

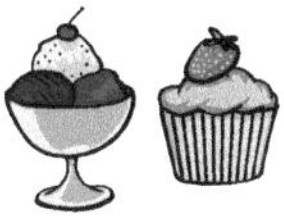

sobremesa
Sladica

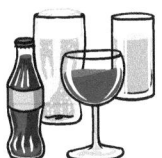

bebidas
Pijače

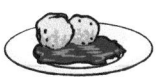

comida
Hrana

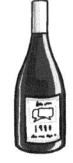

garrafa
Steklenica

fast food
....
Hitra hrana

comida de rua
....
Ulična hrana

bule de chá
....
Čajnik

açucareiro
....
Sladkornica

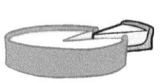

porção
....
Porcija

máquina de café expresso
....
Aparat za espresso

cadeira alta
....
Stolček za hranjenje

conta
....
Račun

bandeja
....
Pladenj

faca
....
Nož

garfo
....
Vilica

colher
....
Žlica

colher de chá
....
Čajna žlička

guardanapo
....
Servieta

copo
....
Kozarec

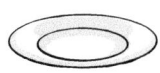

prato
Krožnik

prato de sopa
Globoki krožnik

pires
Krožniček

molho
Omaka

saleiro
Solnica

moinho de pimenta
Mlinček za poper

vinagre
Kis

óleo
Olje

especiarias
Začimbe

ketchup
Kečap

mostarda
Gorčica

maionese
Majoneza

supermercado

Supermarket

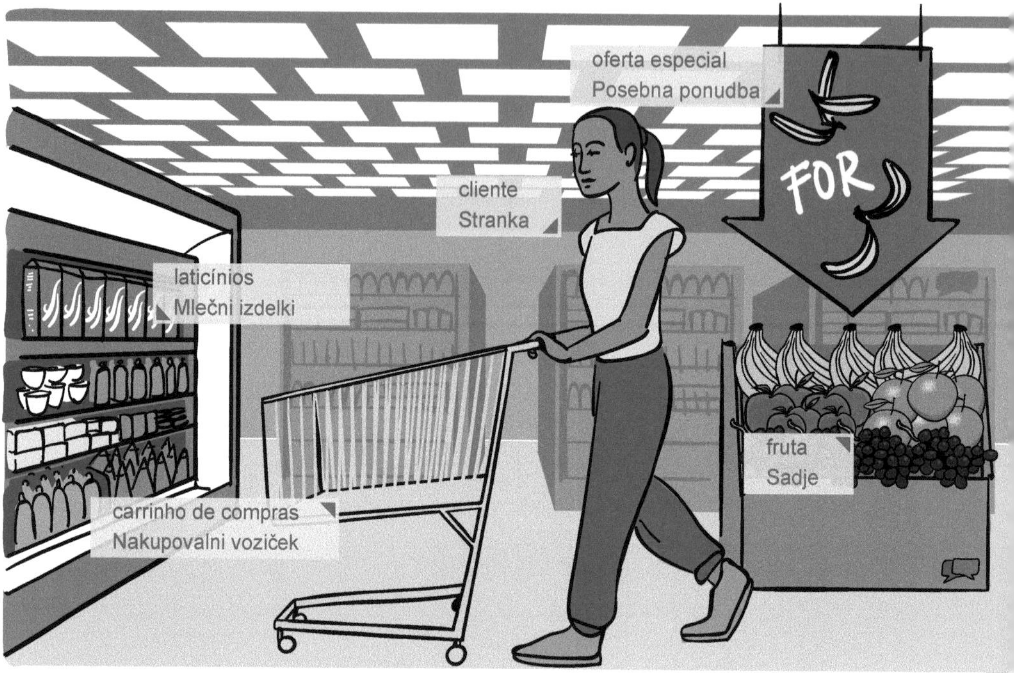
oferta especial
Posebna ponudba
FOR
cliente
Stranka
laticínios
Mlečni izdelki
fruta
Sadje
carrinho de compras
Nakupovalni voziček

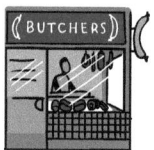

BUTCHERS

talho

Mesnica

BAKERY

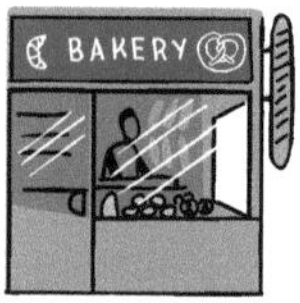

padaria

Pekarna

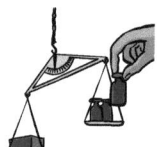

pesar

Tehtati

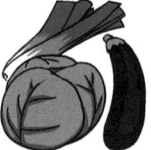

vegetais

Zelenjava

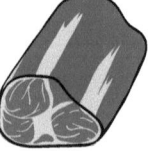

carne

Meso

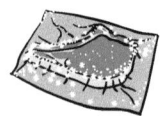

alimentos congelados

Zamrznjena hrana

charcutaria

Hladne mesnine

comida enlatada

Konzerve

detergente em pó

Pralni prašek

doces

Sladkarije

artigos domésticos

Gospodinjski izdelki

produtos de limpeza

Čistilno sredstvo

vendedora

Prodajalka

caixa

Blagajna

caixa

Blagajnik

lista de compras

Nakupovalni seznam

horário de funcionamento

Delovni čas

carteira

Denarnica

cartão de crédito

Kreditna kartica

saco

Torba

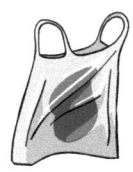

saco de plástico

Plastična vrečka

água

Voda

sumo

Sok

leite

Mleko

coca-cola

Kola

vinho

Vino

cerveja

Pivo

álcool

Alkohol

cacau

Kakav

chá

Čaj

café

Kava

café expresso

Espresso

capuccino

Kapučino

banana
Banana

maçã
Jabolko

laranja
Pomaranča

melão
Lubenica

limão
Limona

cenoura
Korenje

alho
Česen

bambu
Bambus

cebola
Čebula

cogumelo
Goba

nozes
Oreščki

talharim
Rezanci

esparguete

Špageti

arroz

Riž

salada

Solata

batatas fritas

Ocvrt krompirček

batatas fritas

Pečen krompir

pizza

Pica

hambúrguer

Hamburger

sanduíche

Sendvič

bife panado

Zrezek

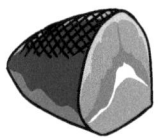

fiambre

Šunka

salame

Salama

salsicha

Klobasa

galinha

Piščanec

assado

Pečenka

peixe

Riba

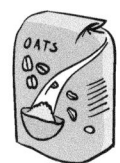

flocos de aveia

Ovseni kosmiči

muesli

Musli

flocos de milho

Koruzni kosmiči

farinha

Moka

croissant

Rogljiček

carcaça (pãozinho)

Žemlja

pão

Kruh

torrada

Prepečenec

biscoitos

Piškoti

manteiga

Maslo

requeijão

Skuta

bolo

Torta

ovo

Jajce

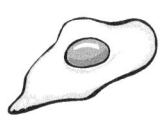

ovo estrelado

Pečeno jajce na oko

queijo

Sir

gelado

Sladoled

açúcar

Sladkor

mel

Med

compota

Marmelada

creme de nougat

Čokoladni namaz

caril

Kari

quinta
Kmetija

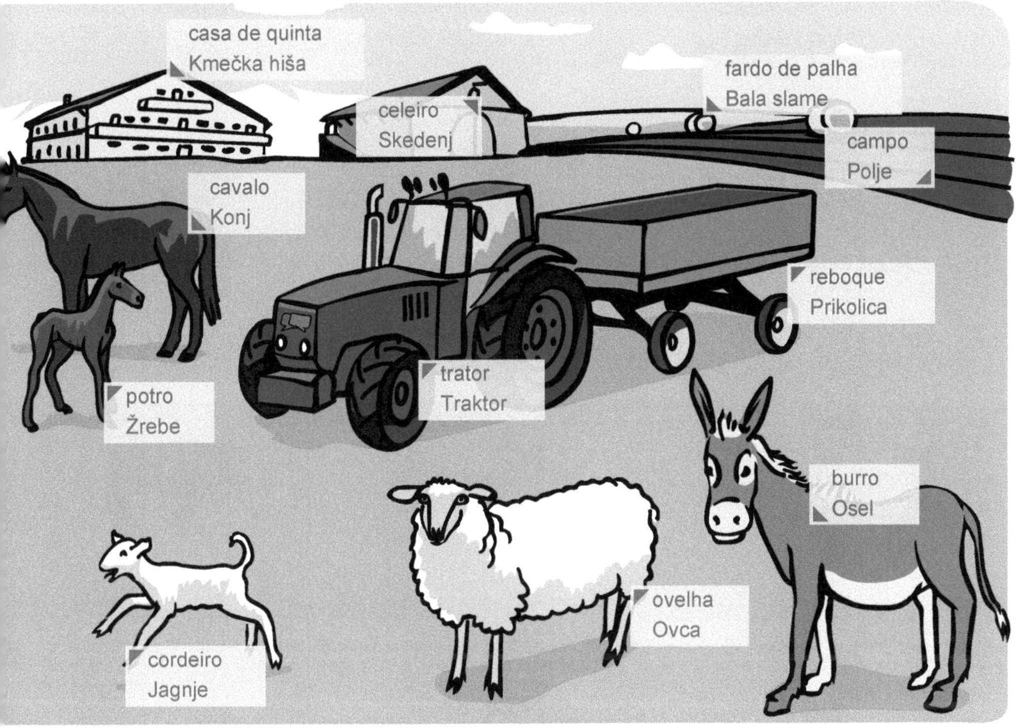
casa de quinta
Kmečka hiša
celeiro
Skedenj
fardo de palha
Bala slame
campo
Polje
cavalo
Konj
reboque
Prikolica
trator
Traktor
potro
Žrebe
burro
Osel
ovelha
Ovca
cordeiro
Jagnje

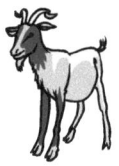

cabra

Koza

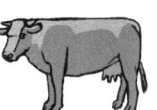

vaca

Krava

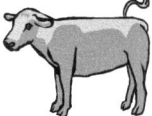

bezerro

Tele

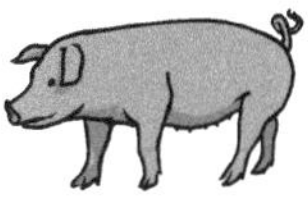

porco

Prašič

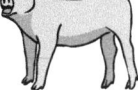

leitão

Pujsek

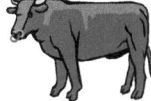

touro

Bik

ganso

Gos

pato

Raca

pintaínho

Piščanec

galinha

Kokoš

galo

Petelin

ratazana

Podgana

gato

Mačka

rato

Miš

boi

Vol

cão

Pes

casota

Pasja uta

mangueira de jardim

Cev za zalivanje

regador

Kangla za zalivanje

foice

Kosa

arado

Plug

foice

Srp

enxada

Motika

forquilha

Vile

machado

Sekira

carrinho de mão

Samokolnica

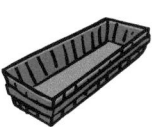

manjedoura

Korito

jarro de leite

Kangla za mleko

saco

Vreča

cerca

Ograja

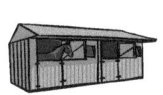

estábulo

Hlev

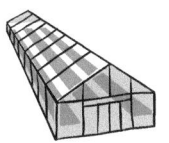

estufa

Rastlinjak

solo

Prst

semente

Seme

fertilizante

Gnojilo

ceifeira-debulhadora

Kombajn

colher

Žeti

colheita

Žetev

inhame

Jam

trigo

Pšenica

soja

Soja

batata

Krompir

milho

Koruza

colza

Oljna ogrščica

árvore de fruto

Sadno drevo

mandioca

Maniok

cereais

Žito

casa
Hiša

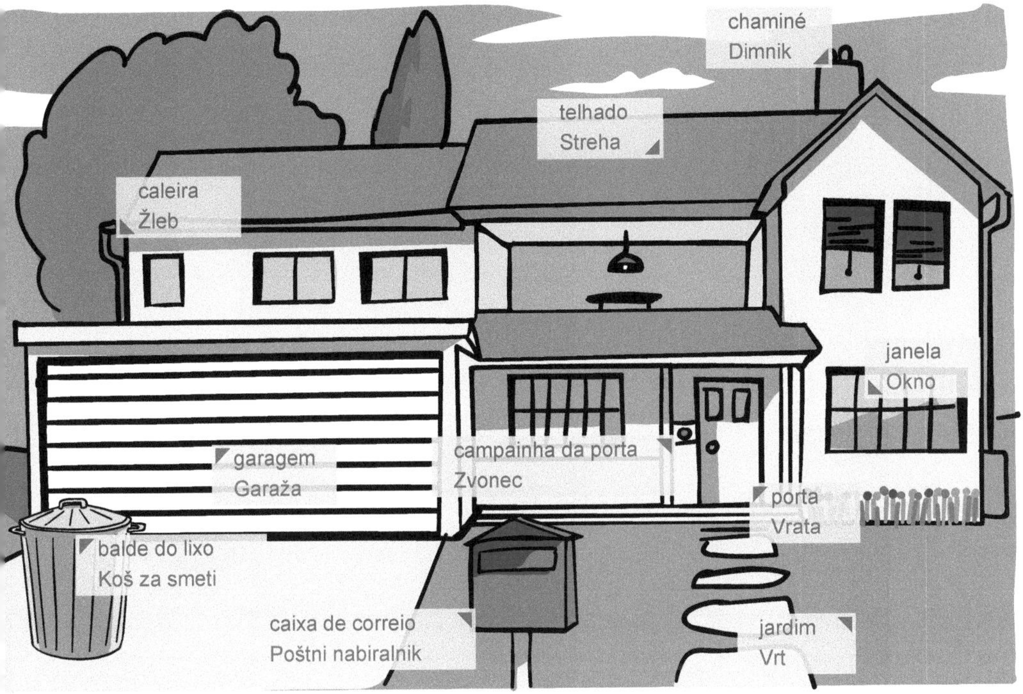
chaminé
Dimnik
telhado
Streha
caleira
Žleb
janela
Okno
garagem
Garaža
campainha da porta
Zvonec
porta
Vrata
balde do lixo
Koš za smeti
caixa de correio
Poštni nabiralnik
jardim
Vrt

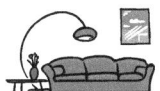

sala de estar

Dnevna soba

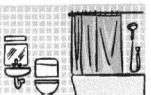

casa de banho

Kopalnica

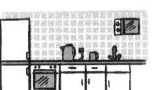

cozinha

Kuhinja

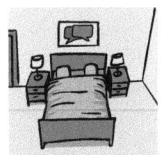

quarto de dormir

Spalnica

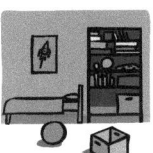

quarto de criança

Otroška soba

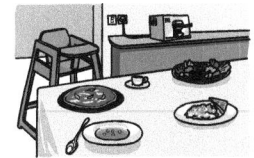

sala de jantar

Jedilnica

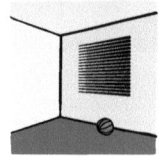

chão
....
Tla

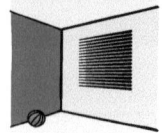

parede
....
Stena

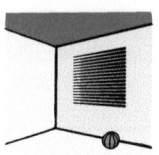

teto
....
Strop

cave
....
Klet

sauna
....
Savna

varanda
....
Balkon

terraço
....
Terasa

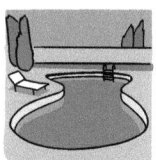

piscina
....
Bazen

máquina de cortar relvado
....
Kosilnica

lençol
....
Rjuha

cobertor
....
Posteljno pregrinjalo

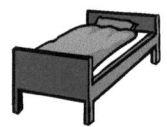

cama
....
Postelja

vassoura
....
Metla

balde
....
Vedro

interruptor
....
Stikalo

sala de estar
Dnevna soba

papel de parede
Tapeta
imagem
Slika
lâmpada
Svetilka
prateleira
Polica
armário
Omara
televisão
Televizor
lareira
Kamin
flor
Cvetlica
almofada
Blazina
sofá
Zofa
vaso
Vaza
controlo remoto
Daljinski upravljalnik

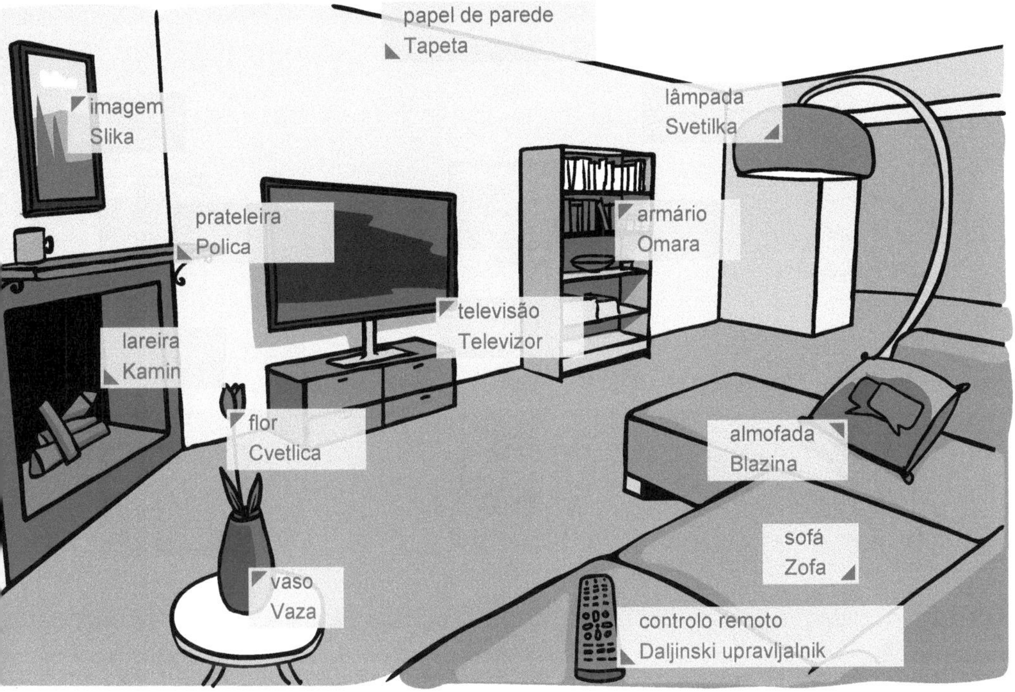

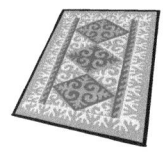

tapete

Preproga

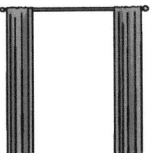

cortina

Zavesa

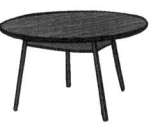

mesa

Miza

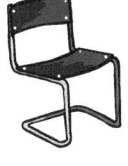

cadeira

Stol

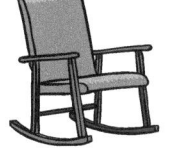

cadeira de baloiço

Gugalnik

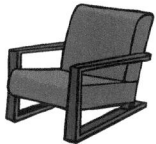

poltrona

Naslanjač

livro
Knjiga

cobertor
Odeja

decoração
Dekoracija

lenha
Drva

filme
Film

sistema estéreo
Glasbeni stolp

chave
Ključ

jornal
Časopis

pintura
Slika

póster
Plakat

rádio
Radio

bloco de notas
Beležka

aspirador
Sesalnik

cato
Kaktus

vela
Sveča

cozinha
Kuhinja

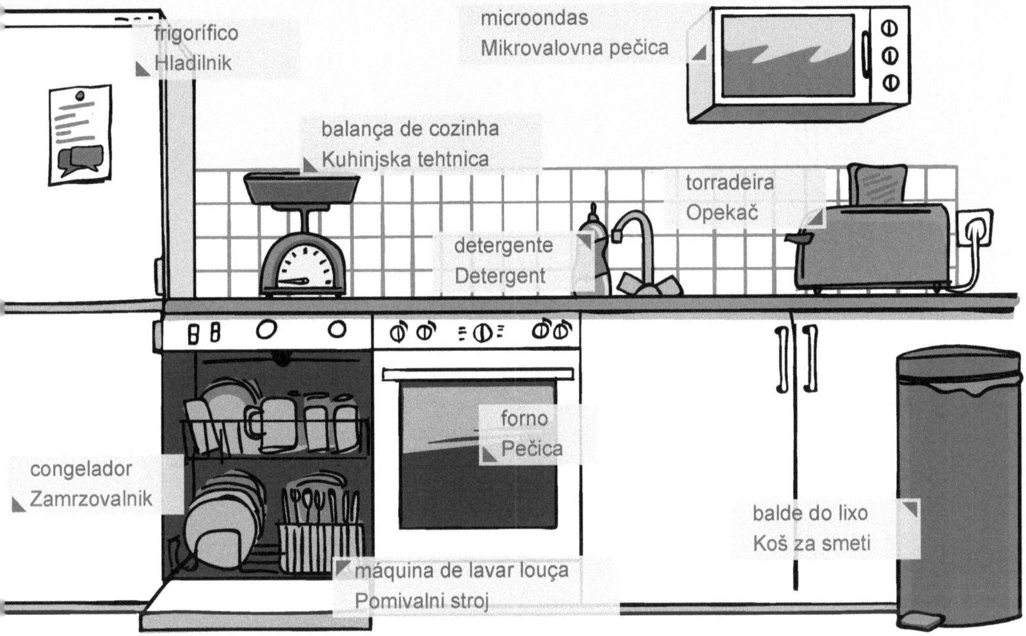
frigorífico
Hladilnik
microondas
Mikrovalovna pečica
balança de cozinha
Kuhinjska tehtnica
torradeira
Opekač
detergente
Detergent
forno
Pečica
congelador
Zamrzovalnik
balde do lixo
Koš za smeti
máquina de lavar louça
Pomivalni stroj

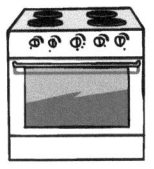

fogão
Kozica

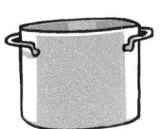

panela
Lonec

panela de ferro
Litoželezni lonec

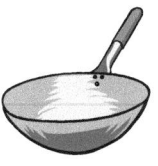

wok / kadai
Vok / kadai

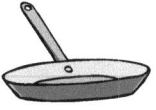

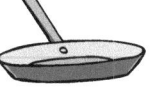

frigideira
Ponev

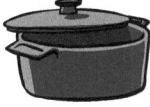

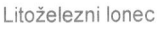

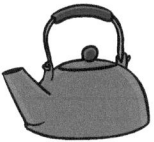

chaleira
Kotliček

panela a vapor

Parni kuhalnik

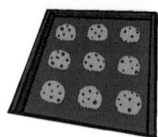

tabuleiro de forno

Pekač

louça

Posoda

caneca

Skodelica

tigela

Skleda

pauzinhos

Jedilne paličice

concha de sopa

Zajemalka

espátula

Lopatica

batedor de claras

Metlica

escorredor

Cedilnik

peneira

Cedilo

ralador

Strgalo

almofariz

Možnar

churrasqueira

Žar

lareira

Ognjišče

cozinha - Kuhinja

tábua de cortar

Deska za rezanje

rolo da massa

Valjar

saca-rolhas

Odpirač za steklenice

lata

Pločevinka

abridor de latas

Odpirač za konzerve

luvas de forno

Prijemalka za posodo

lava-loiça

Korito

escova

Ščetka

esponja

Goba

liquidificador

Mešalnik

arca frigorífica

Zamrzovalna skrinja

biberão

Steklenička

torneira

Pipa

casa de banho
Kopalnica

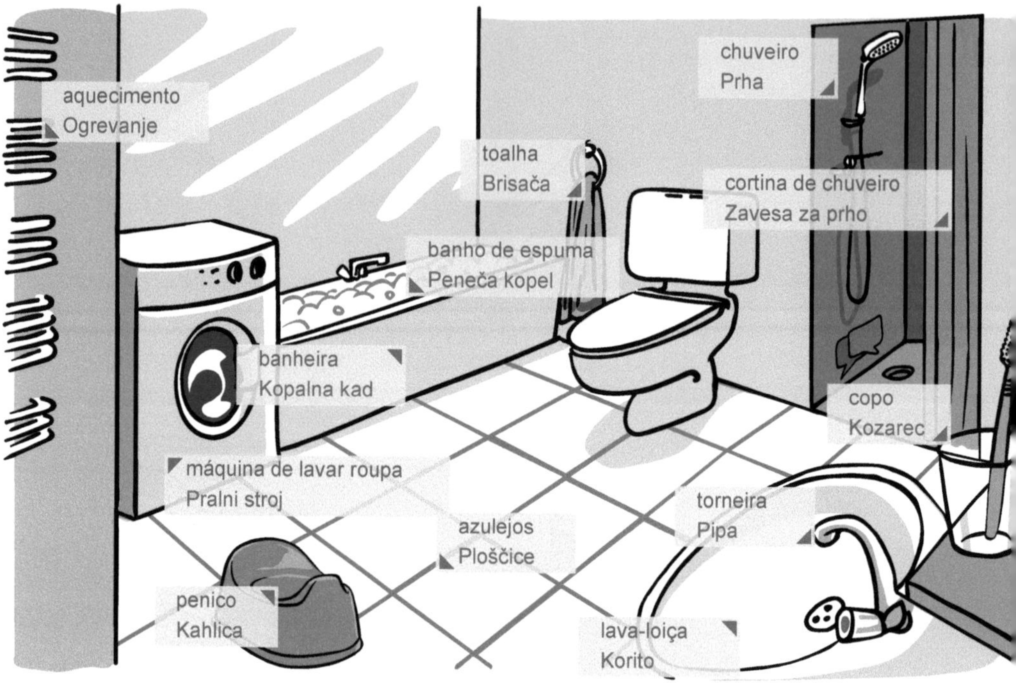

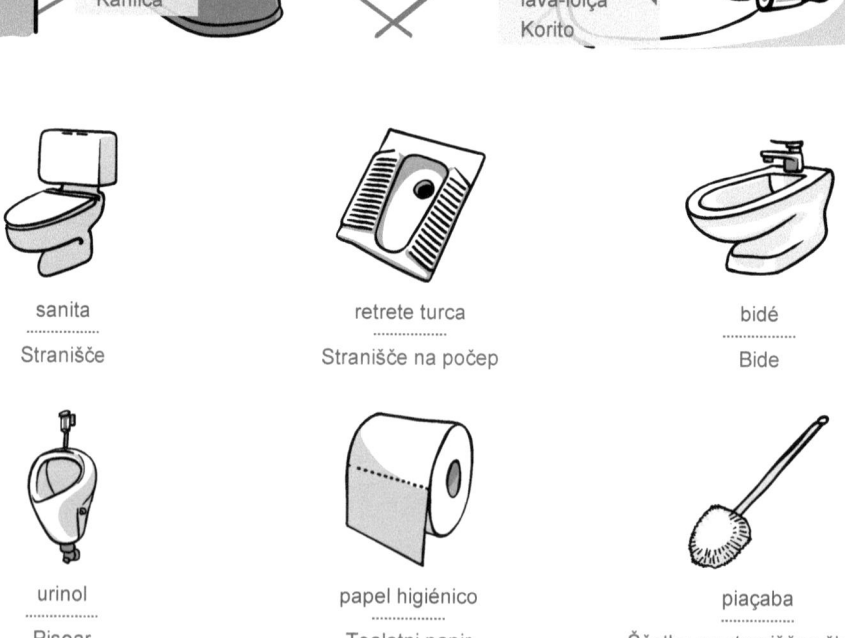

aquecimento
Ogrevanje
chuveiro
Prha
toalha
Brisača
cortina de chuveiro
Zavesa za prho
banho de espuma
Peneča kopel
banheira
Kopalna kad
copo
Kozarec
máquina de lavar roupa
Pralni stroj
torneira
Pipa
azulejos
Ploščice
penico
Kahlica
lava-loiça
Korito

sanita
Stranišče

retrete turca
Stranišče na počep

bidé
Bide

urinol
Pisoar

papel higiénico
Toaletni papir

piaçaba
Ščetka za straniščno školjko

escova de dentes

Zobna ščetka

pasta de dentes

Zobna pasta

fio dentário

Zobna nitka

lavar

Umiti se

chuveiro de mão

Ročna prha

duche íntimo

Prha za intimne dele

bacia

Umivalnik

escova para as costas

Krtača za hrbet

sabonete

Milo

gel de banho

Gel za prhanje

champô

Šampon

toalha de rosto

Krpica za miljenje

escoamento

Odtok

creme

Krema

desodorizante

Deodorant

espelho

Ogledalo

espelho de mão

Ročno ogledalo

máquina de barbear

Britvica

creme de barbear

Pena za britje

loção pós-barba

Vodica po britju

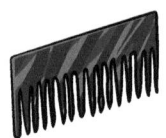

pente

Glavnik

escova

Ščetka

secador de cabelo

Sušilnik za lase

spray de cabelo

Lak za lase

maquilhagem

Ličila

batom

Šminka

verniz de unhas

Lak za nohte

algodão

Vatirane blazinice

tesoura para unhas

Škarjice za nohte

perfume

Parfum

nécessaire

Toaletna torbica

tamborete

Stol brez naslonjala

balança

Osebna tehtnica

roupão de banho

Kopalni plašč

luvas de borracha

Gumijaste rokavice

tampão

Tampon

penso higiénico

Damski vložki

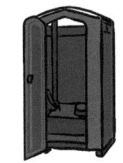

WC químico

Kemično stranišče

quarto de criança
Otroška soba

despertador
Budilka
peluche
Plišasta igrača
carro de brincar
Avtomobilček
chocalho
Ropotuljica
casa de bonecas
Hiška za punčke
presente
Darilo

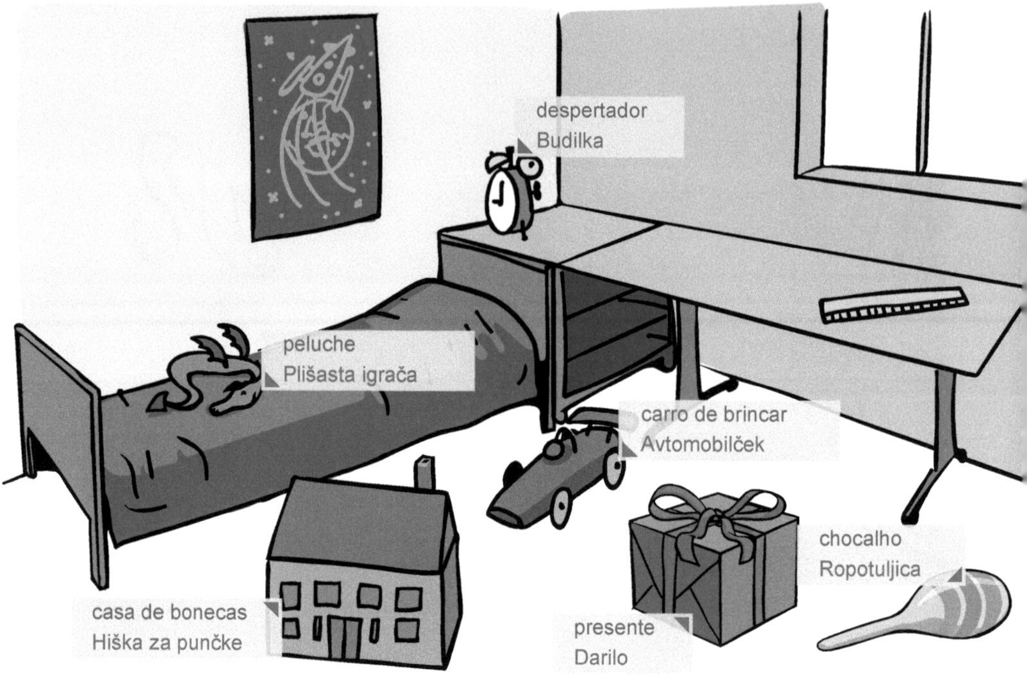

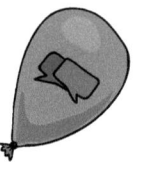

balão
Balon

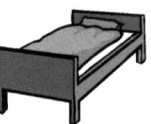

cama
Postelja

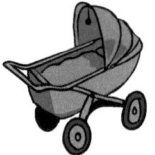

carrinho de bebé
Otroški voziček

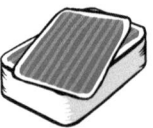

jogo de cartas
Igralne karte

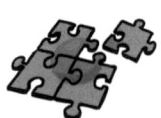

quebra-cabeças
Sestavljanka

SUPER
MEGA

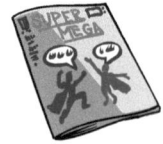

banda desenhada
Strip

peças de Lego

Lego kocke

blocos de construção

Igralne kocke

figura de ação

Akcijska figura

fato de bebé

Bodi

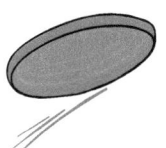

Frisbee

Frizbi

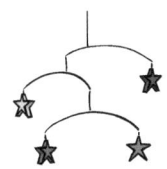

móbile para bebé

Vrtiljak za posteljico

jogo de tabuleiro

Namizna igra

dados

Kocka

pista de comboio elétrico

Komplet modelov vlakov

chupeta

Duda

festa

Zabava

livro ilustrado

Slikanica

bola

Žoga

boneca

Lutka

jogar

Igrati se

caixa de areia

Peskovnik

baloiço

Gugalnica

brinquedos

Igrače

consola de jogos

Igralna konzola

triciclo

Tricikel

ursinho de peluche

Plišasti medvedek

guarda-roupa

Garderoba

vestuário

Oblačilo

meias

Nogavice

meias pelo joelho

Samostoječe nogavice

meias-calças

Hlačne nogavice

cachecol
Šal

guarda-chuva
Dežnik

t-shirt
Majica s kratkimi rokavi

cinto
Pas

botas
Škornji

chinelos
Copati

sapatilhas
Športni copati

sandálias
Sandali

sapatos
Čevlji

botas de borracha
Gumijasti škornji

cuecas
Spodnje hlače

sutiã
Modrček

camisola interior
Telovnik

body
....
Bodi

calças
....
Hlače

calças de ganga
....
Kavbojke

saia
....
Krilo

blusa
....
Bluza

camisa
....
Srajca

pulôver
....
Pulover

camisola com capuz
....
Pletena jopica

blazer
....
Jopa

casaco
....
Jakna

manto
....
Plašč

gabardina
....
Dežni plašč

traje
....
Kostim

vestido
....
Obleka

vestido de casamento
....
Poročna obleka

fato
Obleka

camisa de dormir
Spalna srajca

pijama
Pižama

sari
Sari

lenço de cabeça
Naglavna ruta

turbante
Turban

burca
Burka

cafetã
Kaftan

abaya
Abaja

fato de banho
Kopalke

calções de banho
Kopalne hlače

calções
Kratke hlače

fato de treino
Trenirka

avental
Predpasnik

luvas
Rokavice

botão
Gumb

óculos
Očala

pulseira
Zapestnica

colar
Verižica

anel
Prstan

brinco
Uhan

boné
Kapa

cabide
Obešalnik

chapéu
Klobuk

gravata
Kravata

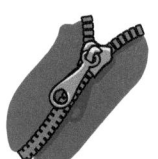

fecho de correr
Zadrga

capacete
Čelada

suspensórios
Naramnice

uniforme escolar
Šolska uniforma

uniforme
Uniforma

babete
Slinček

chupeta
Duda

fralda
Plenica

escritório
Pisarna

servidor
Strežnik

armário de arquivo
Kartotečna omara

impressora
Tiskalnik

ecrã
Monitor

papel
Papir

rato
Miška

secretária
Pisalna miza

pasta
Mapa

teclado
Tipkovnica

cesto de lixo
Koš za smeti

cadeira
Stol

computador
Računalnik

caneca de café
Lonček za kavo

calculadora
Kalkulator

internet
Internet

computador portátil

Prenosnik

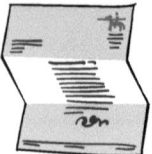

carta

Pismo

mensagem

Sporočilo

telemóvel

Mobilnik

rede

Omrežje

fotocopiadora

Kopirni stroj

software

Programska oprema

telefone

Telefon

tomada elétrica

Vtičnica

fax

Telefaks

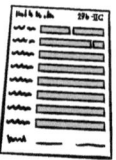

formulário

Obrazec

documento

Dokument

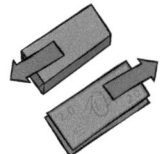

comprar

Kupiti

pagar

Plačati

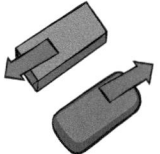

negociar

Trgovati

dinheiro

Denar

dólar

Dolar

euro

Evro

yen

Jen

rublo

Rubelj

franco suíço

Švičarski frank

renminbi yuan

Kitajski juan renminbi

rupia

Rupija

caixa de multibanco

Bankomat

casa de câmbio

Menjalnica

ouro

Zlato

prata

Srebro

petróleo

Nafta

energia

Energija

preço

Cena

contrato

Pogodba

imposto

Davek

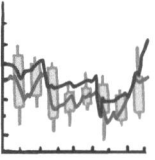

ação

Delnice

trabalhar

Delati

empregado

Delojemalec

entidade patronal

Delodajalec

fábrica

Tovarna

loja

Trgovina

profissões
Poklici

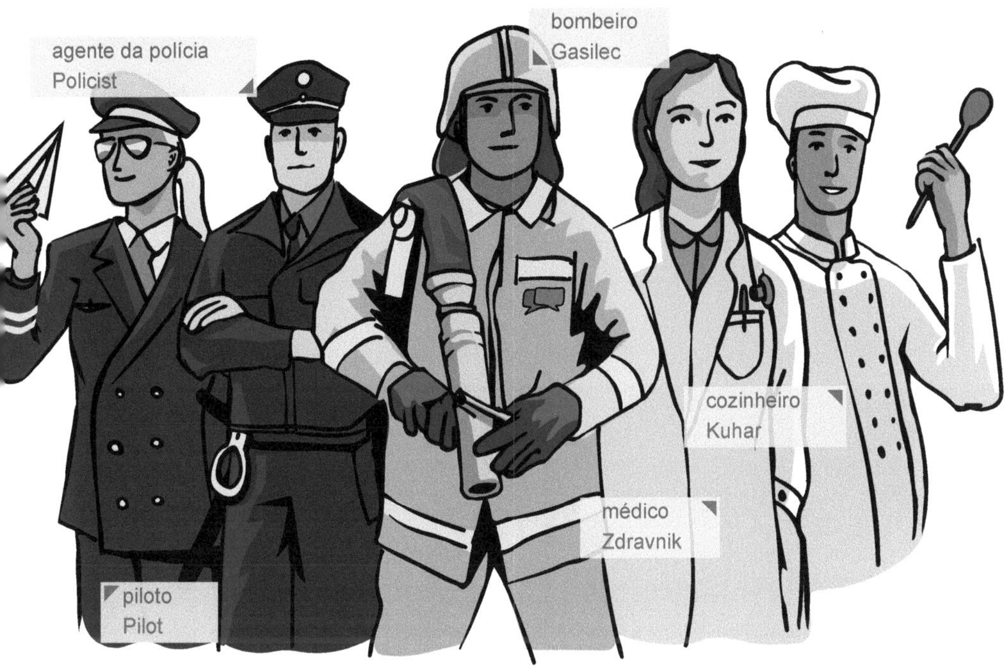
agente da polícia
Policist
bombeiro
Gasilec
cozinheiro
Kuhar
médico
Zdravnik
piloto
Pilot

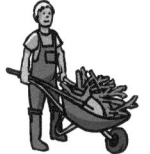

jardineiro

Vrtnar

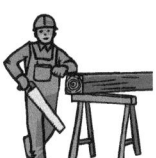

carpinteiro

Mizar

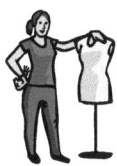

costureira

Šivilja

juiz

Sodnik

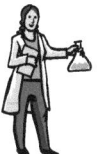

químico

Kemik

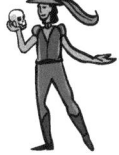

ator

Igralec

motorista de autocarro

Voznik avtobusa

motorista de táxi

Taksist

pescador

Ribič

empregada de limpeza

Čistilka

telhador

Krovec

empregado de mesa

Natakar

caçador

Lovec

pintor

Pleskar

padeiro

Pek

eletricista

Električar

construtor

Gradbenik

engenheiro

Inženir

talhante

Mesar

canalizador

Vodovodni inštalater

carteiro

Poštar

soldado

Vojak

arquiteto

Arhitekt

caixa

Blagajnik

florista

Cvetličar

cabeleireiro

Frizer

controlador de bilhetes

Sprevodnik

mecânico

Mehanik

capitão

Kapitan

dentista

Zobozdravnik

cientista

Znanstvenik

rabino

Rabin

imã

Imam

monge

Menih

pastor

Duhovnik

ferramentas
Orodje

martelo
Kladivo
alicate
Klešče
chave de fendas
Izvijač
chave inglesa
Vijačni ključ
lanterna
Žepna svetilka

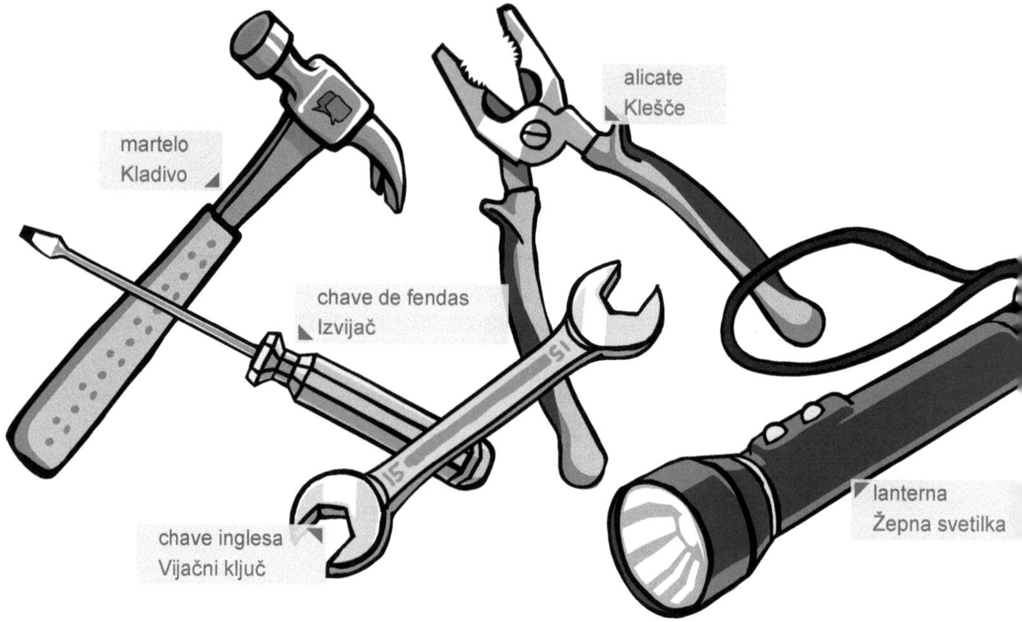

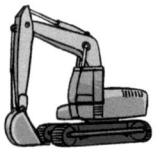

escavadora

Bager

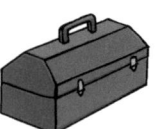

caixa de ferramentas

Zaboj z orodjem

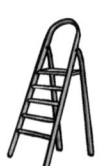

escadote

Lestev

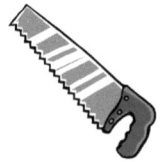

serra

Žaga

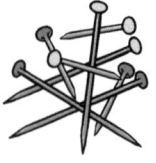

pregos

Žeblji

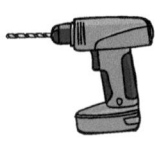

broca

Vrtalnik

reparar
....
Popraviti

pá
....
Lopata

porcaria!
....
Šment!

pá de lixo
....
Smetišnica

pote de tinta
....
Posoda z barvo

parafusos
....
Vijaki

instrumentos musicais
Glasbeni instrument

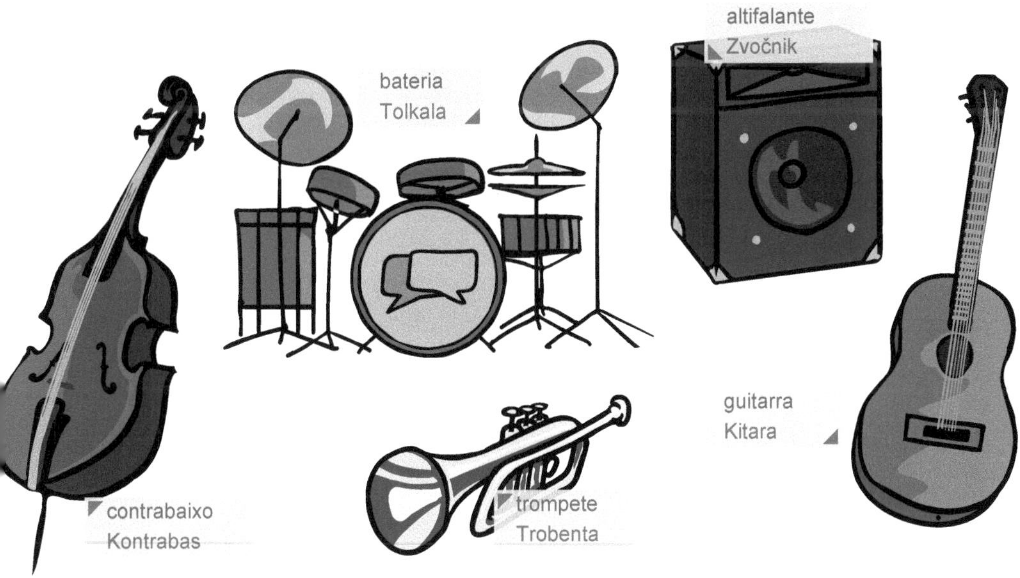

bateria
Tolkala

altifalante
Zvočnik

guitarra
Kitara

contrabaixo
Kontrabas

trompete
Trobenta

piano

Klavir

violino

Violina

baixo

Bas kitara

timbales

Pavke

tambor

Bobni

teclado

Sintetizator

saxofone

Saksofon

flauta

Flavta

microfone

Mikrofon

jardim zoológico
Živalski vrt

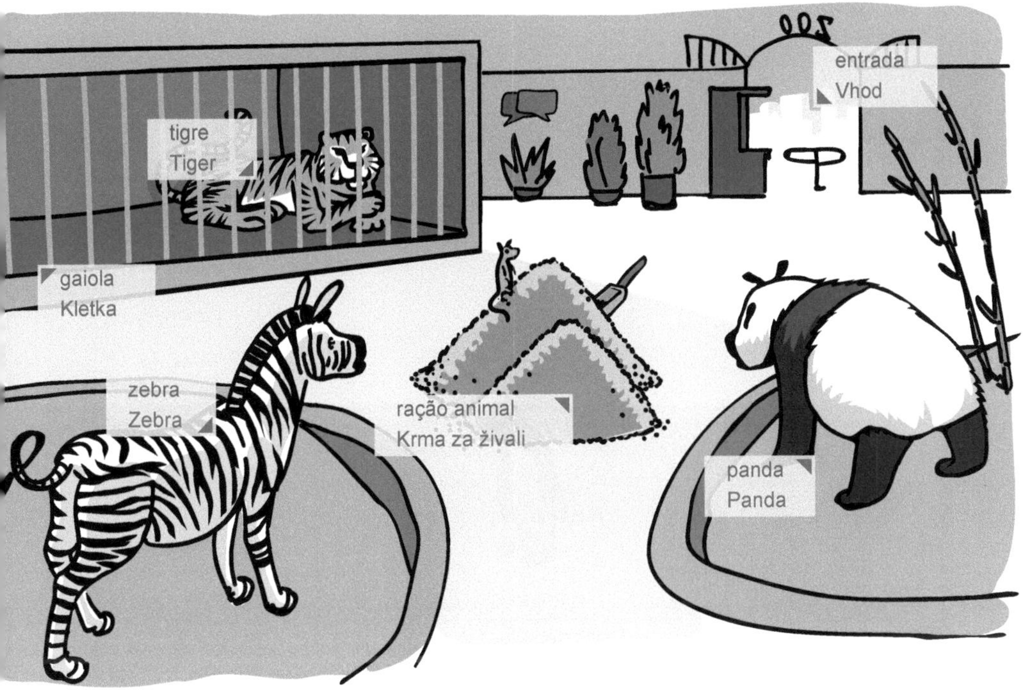

entrada
Vhod
tigre
Tiger
gaiola
Kletka
zebra
Zebra
ração animal
Krma za živali
panda
Panda

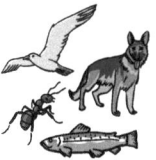

animais

Živali

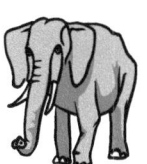

elefante

Slon

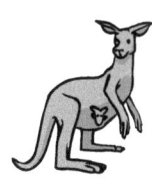

canguru

Kenguru

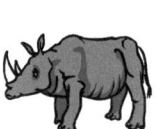

rinoceronte

Nosorog

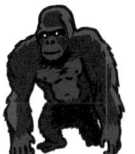

gorila

Gorila

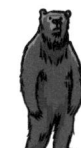

urso

Medved

camelo
Kamela

avestruz
Noj

leão
Lev

macaco
Opica

flamingo
Plamenec

papagaio
Papagaj

urso polar
Severni medved

pinguim
Pingvin

tubarão
Morski pes

pavão
Pav

cobra
Kača

crocodilo
Krokodil

guarda do jardim zoológico
Oskrbnik v živalskem vrtu

foca
Tjulenj

jaguar
Jaguar

pónei

Poni

leopardo

Leopard

hipopótamo

Povodni konj

girafa

Žirafa

águia

Orel

javali

Divji prašič

peixe

Riba

tartaruga

Želva

morsa

Mrož

raposa

Lisica

gazela

Gazela

desporto
Šport

futebol americano
Ameriški nogomet

ciclismo
Kolesarjenje

ténis
Tenis

basquetebol
Košarka

natação
Plavanje

hóquei no gelo
Hokej

boxe
Boks

futebol
....
Nogomet

badminton
....
Badminton

atletismo
....
Atletika

andebol
....
Rokomet

esqui
....
Smučanje

polo
....
Polo

atividades
Dejavnosti

rir
Smejati se
saltar
Skočiti
abraçar
Objeti
andar
Hoditi
cantar
Peti
sonhar
Sanjati
rezar
Moliti
beijar
Poljubiti

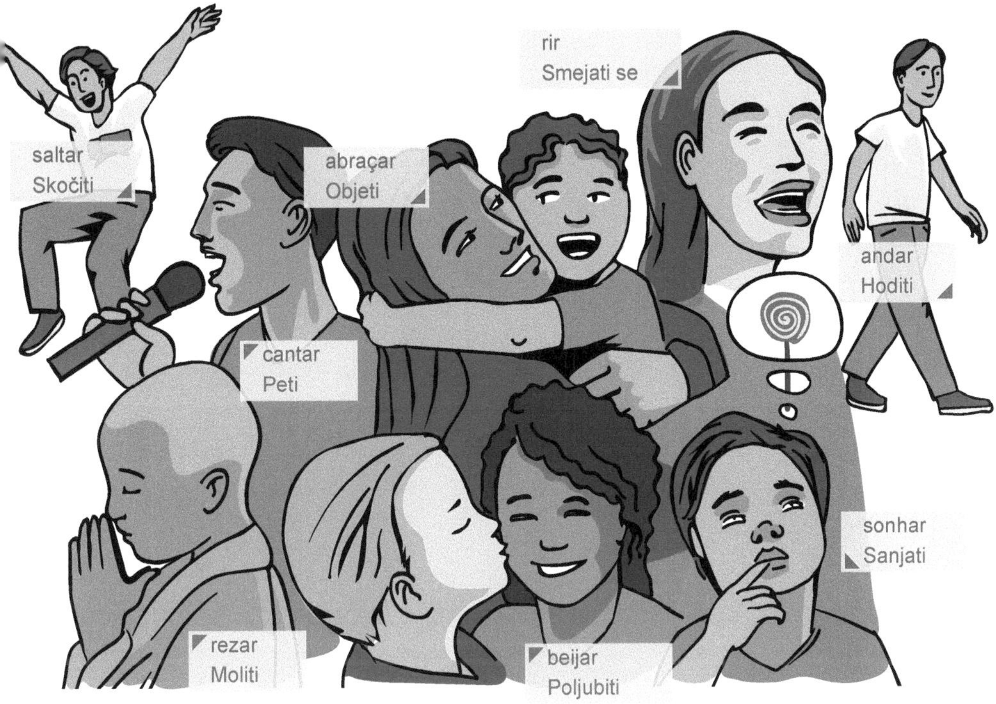

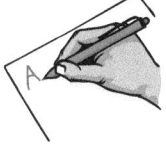

escrever

Pisati

desenhar

Risati

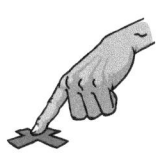

mostrar

Pokazati

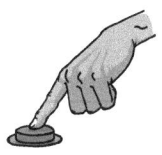

empurrar

Potisniti

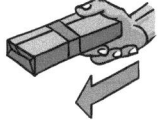

dar

Dati

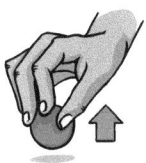

tomar

Vzeti

ter
Imeti

fazer
Narediti

ser
Biti

ficar de pé
Stati

correr
Teči

puxar
Vleči

remessar
Vreči

cair
Pasti

deitar
Ležati

esperar
Čakati

carregar
Nositi

sentar
Sedeti

vestir
Obleči se

dormir
Spati

acordar
Zbuditi se

olhar para

Gledati

chorar

Jokati

acariciar

Božati

pentear

Česati se

falar

Govoriti

compreender

Razumeti

perguntar

Vprašati

ouvir

Poslušati

beber

Piti

comer

Jesti

arrumar

Pospraviti

amar

Ljubiti

cozinhar

Kuhati

conduzir

Voziti

voar

Leteti

velejar

Jadrati

calcular

Računanje

ler

Brati

aprender

Učiti se

trabalhar

Delati

casar

Poročiti se

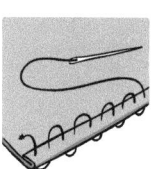

costurar

Šivati

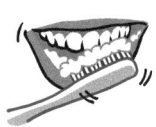

escovar os dentes

Sčetkati si zobe

matar

Ubiti

fumar

Kaditi

enviar

Poslati

avó
Stara mati

avô
Stari oče

pai
Oče

mãe
Mati

bebé
Dojenček

filha
Hči

filho
Sin

convidado

Gost

tia

Teta

tio

Stric

irmão

Brat

irmã

Sestra

corpo
Telo

testa
Čelo
olho
Oko
ombro
Rama
dedo
Prst
cara
Obraz
queixo
Brada
mão
Dlan
perna
Noga
peito
Prsi
braço
Roka

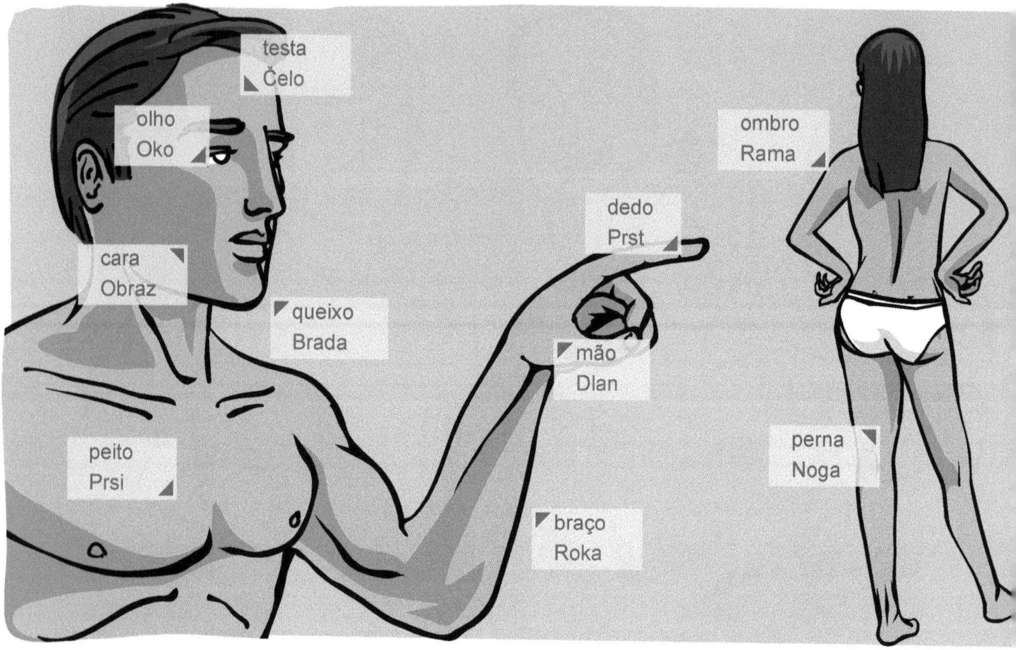

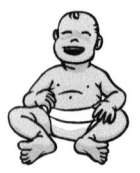

bebé

Dojenček

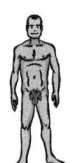

homem

Človek

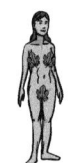

mulher

Ženska

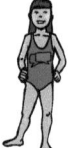

menina

Dekle

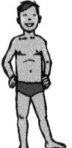

menino

Fant

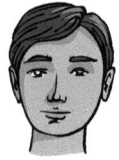

cabeça

Glava

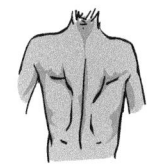

costas

Hrbet

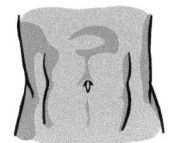

barriga

Trebuh

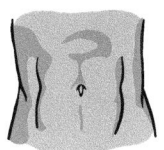

umbigo

Popek

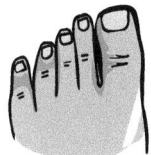

dedo do pé

Prst na nogi

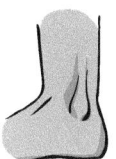

calcanhar

Peta

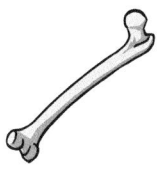

osso

Kost

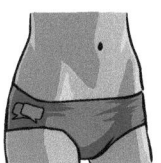

anca

Kolk

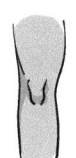

joelho

Koleno

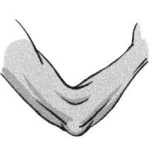

cotovelo

Komolec

nariz

Nos

nádegas

Zadnjica

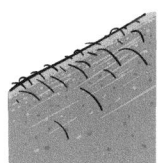

pele

Koža

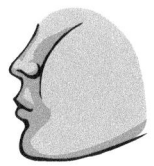

bochecha

Lice

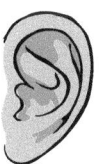

orelha

Uho

lábio

Ustnica

boca

Usta

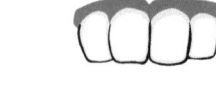

dente

Zob

língua

Jezik

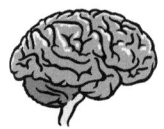

cérebro

Možgani

coração

Srce

músculo

Mišica

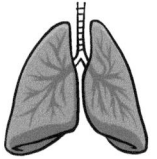

pulmão

Pljuča

fígado

Jetra

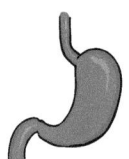

estômago

Želodec

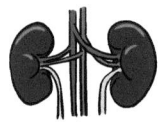

rins

Ledvice

relações sexuais

Spolni odnos

preservativo

Kondom

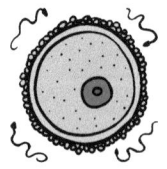

óvulo

Jajčece

esperma

Semenska tekočina

gravidez

Nosečnost

corpo - Telo

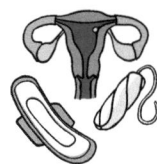

menstruação
....
Menstruacija

vagina
....
Vagina

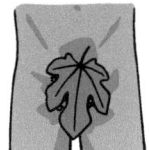

pénis
....
Penis

sobrancelha
....
Obrv

cabelo
....
Lasje

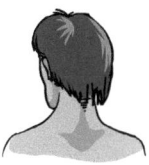

pescoço
....
Vrat

hospital
Bolnišnica

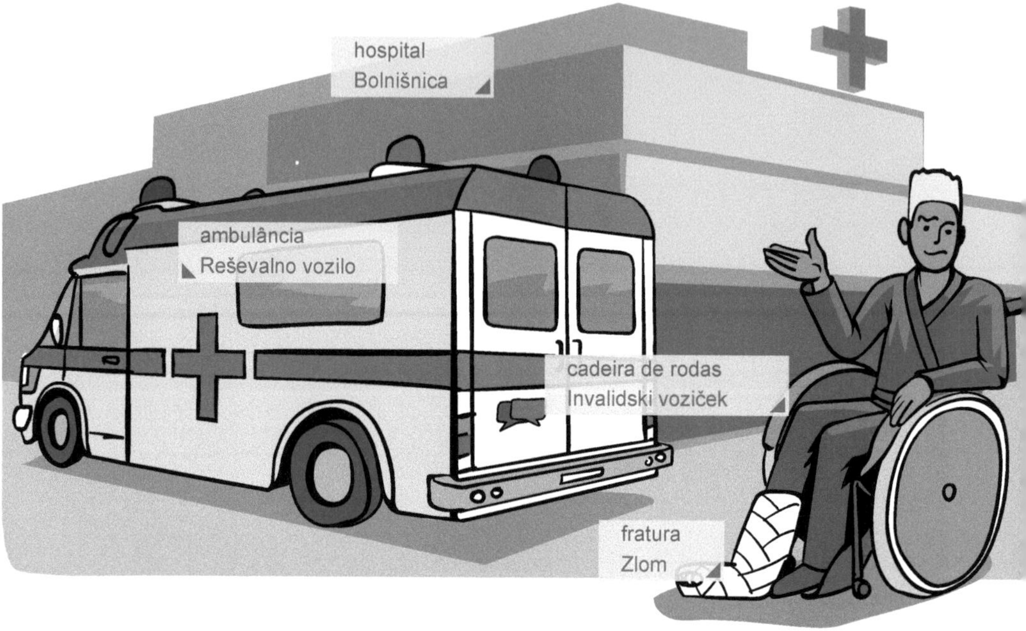

hospital
Bolnišnica
ambulância
Reševalno vozilo
cadeira de rodas
Invalidski voziček
fratura
Zlom

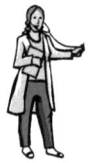

médico

Zdravnik

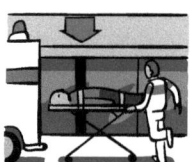

serviço de urgências

Urgenca

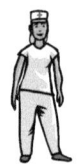

enfermeira

Medicinska sestra

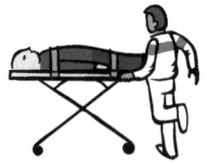

emergência

Nujni primer

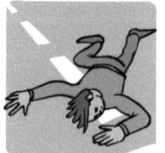

inconsciente

Nezavesten

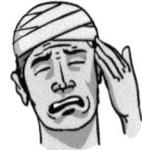

dor

Bolečina

ferimento

Poškodba

hemorragia

Krvavenje

ataque cardíaco

Srčni infarkt

acidente vascular cerebral

Kap

alergia

Alergija

tosse

Kašelj

febre

Vročina

gripe

Gripa

diarreia

Driska

dor de cabeça

Glavobol

cancro

Rak

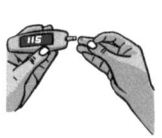

diabetes

Sladkorna bolezen

cirurgião

Kirurg

bisturi

Skalpel

operação

Operacija

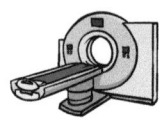

CT
CT

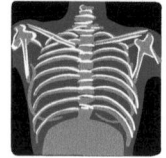

raio x
Rentgen

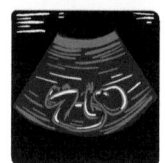

ultrassom
Ultrazvok

máscara
Obrazna maska

doença
Bolezen

sala de espera
Čakalnica

muleta
Bergla

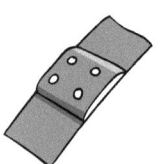

penso rápido
Obliž

ligadura
Preveza

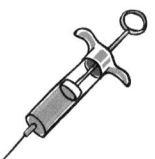

injeção
Injekcija

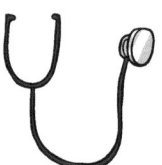

estetoscópio
Stetoskop

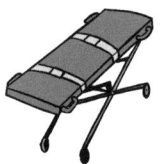

maca
Nosila

termómetro
Klinični termometer

nascimento
Porod

excesso de peso
Prekomerna teža

aparelho auditivo

Slušni pripomoček

desinfetante

Razkužilo

infeção

Okužba

vírus

Virus

HIV / SIDA

HIV / AIDS

medicamento

Medicina

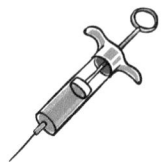

vacinação

Cepljenje

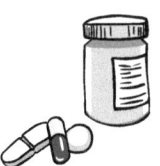

comprimidos

Tablete

pílula

Tableta

chamada de emergência

Klic v sili

dispositivo de medição de
pressão arterial

Merilnik krvnega tlaka

doente / saudável

bolano / zdravo

Socorro!

Na pomoč!

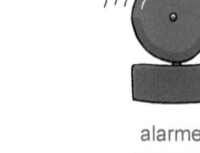

alarme

Alarm

assalto

Napad

ataque

Napad

perigo

Nevarnost

saída de emergência

Izhod v sili

Fogo!

Gori!

extintor de incêndios

Gasilni aparat

acidente

Nezgoda

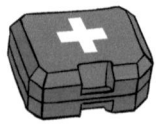

estojo de primeiros socorros

Komplet za prvo pomoč

SOS

SOS

polícia

Policija

Europa	América do Norte	América do Sul
Evropa	Severna Amerika	Južna Amerika

África	Ásia	Austrália
Afrika	Azija	Avstralija

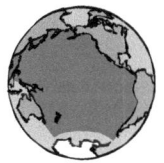

Atlântico	Pacífico	Oceano Índico
Atlantski ocean	Tihi ocean	Indijski ocean

Oceano Antártico	Oceano Ártico	Polo Norte
Južni ocean	Arktični ocean	Severni tečaj

Polo Sul

Južni tečaj

Antártica

Antarktika

terra

Zemlja

país

Kopno

mar

Morje

ilha

Otok

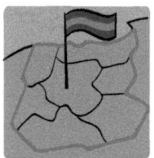

nação

Narod

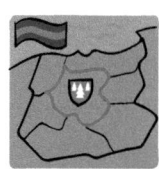

estado

Država

mostrador do relógio

Števílčnica

ponteiro das horas

Urni kazalec

ponteiro dos minutos

Minutni kazalec

ponteiro dos segundos

Sekundni kazalec

Que horas são?

Koliko je ura?

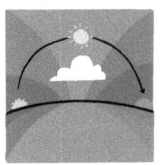

dia

Dan

tempo

Čas

agora

Zdaj

relógio digital

Digitalna ura

minuto

Minuta

hora

Ura

semana
Teden

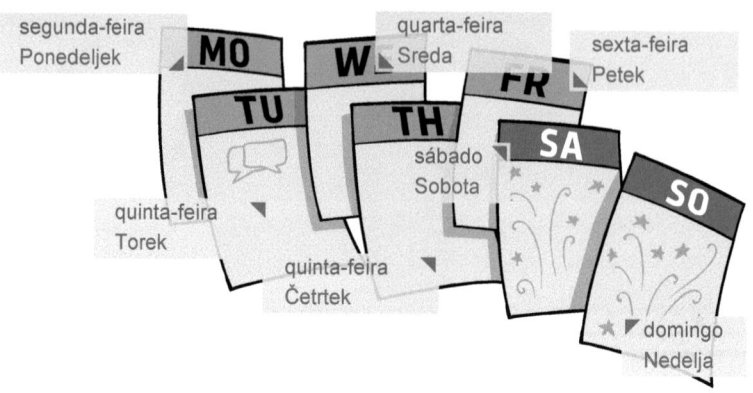

segunda-feira
Ponedeljek

quarta-feira
Sreda

sexta-feira
Petek

quinta-feira
Torek

sábado
Sobota

quinta-feira
Četrtek

domingo
Nedelja

ontem
Včeraj

hoje
Danes

amanhã
Jutri

manhã
Jutro

meio-dia
Poldne

entardecer
Večer

dias úteis
Delovni dnevi

fim de semana
Konec tedna

ano
Leto

chuva
Dež
arco-íris
Mavrica
vento
Veter
neve
Sneg
primavera
Pomlad
verão
Poletje
outono
Jesen
inverno
Zima

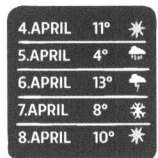

4.APRIL 11°
5.APRIL 4°
6.APRIL 13°
7.APRIL 8°
8.APRIL 10°

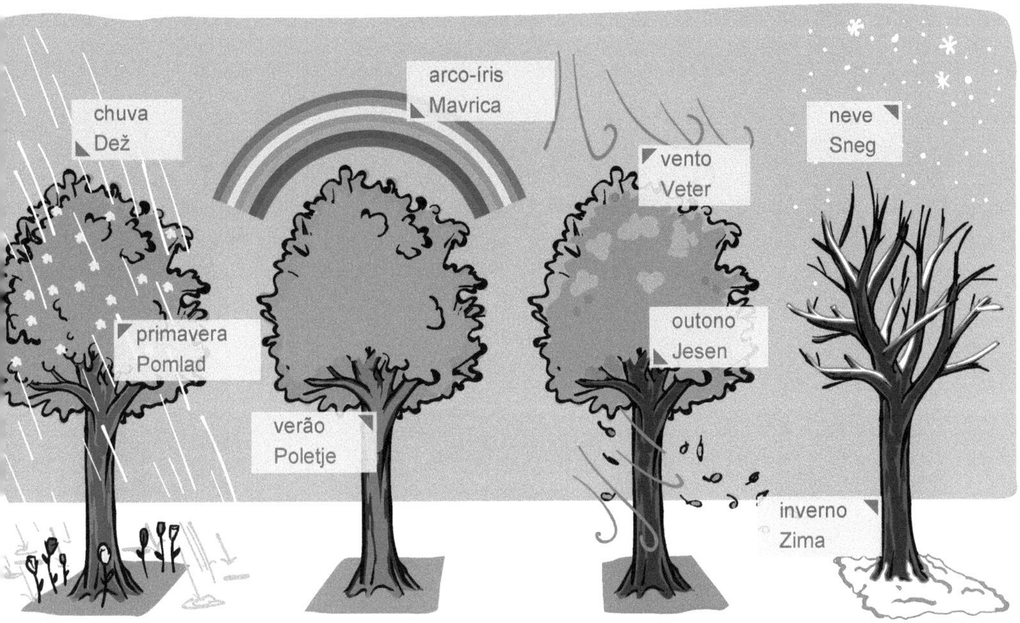

previsão do tempo

Vremenska napoved

F C
120 40
90 30
60 20
30 10
0 0
-30 -10
-20

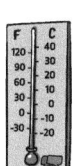

termómetro

Termometer

raios de sol

Sončna svetloba

nuvem

Oblak

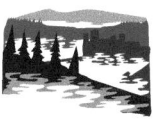

neblina / nevoeiro

Megla

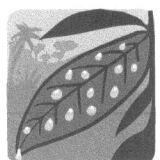

humidade do ar

Vlažnost

relâmpago
....
Strela

trovão
....
Grom

tempestade
....
Nevihta

granizo
....
Toča

monção
....
Monsun

inundação
....
Poplava

gelo
....
Led

janeiro
....
Januar

fevereiro
....
Februar

março
....
Marec

abril
....
April

maio
....
Maj

junho
....
Junij

julho
....
Julij

agosto
....
Avgust

ano - Leto

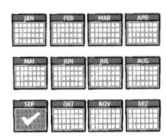

setembro
September

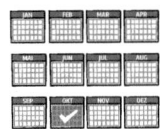

outubro
Oktober

novembro
November

dezembro
December

formas
Oblike

círculo
Krogla

quadrado
Kvadrat

retângulo
Pravokotnik

triângulo
Trikotnik

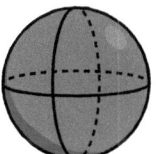

esfera
Krogla

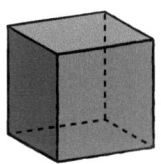

cubo
Kocka

cores

Barve

branco
....
Bela

amarelo
....
Rumena

laranja
....
Oranžna

rosa
....
Rožnata

vermelho
....
Rdeča

lilás
....
Vijolična

azul
....
Modra

verde
....
Zelena

castanho
....
Rjava

cinzento
....
Siva

preto
....
Črna

muito / pouco

veliko / malo

furioso / calmo

jezno / umirjeno

lindo / feio

lepo / grdo

princípio / fim

začetek / konec

grande / pequeno

veliko / majhno

claro / escuro

svetlo / temno

irmão / irmã

brat / sestra

limpo / sujo

čisto / umazano

completo / incompleto

popolno / nepopolno

dia / noite

dan / noč

morto / vivo

mrtvo / živo

largo / estreito

široko / ozko

comestível / não comestível

užitno / neužitno

mau / gentil

zlobno / prijazno

entusiasmado / entediado

vznemirjeno / zdolgočaseno

gordo / magro

debelo / vitko

primeiro / último

prvo / zadnje

amigo / inimigo

prijatelj / sovražnik

cheio / vazio

polno / prazno

duro / macio

trdo / mehko

pesado / leve

težko / lahko

fome / sede

lakota / žeja

doente / saudável

bolano / zdravo

ilegal / legal

nezakonito / zakonito

inteligente / burro

pametno / neumno

esquerda / direita

levo / desno

perto / longe

blizu / daleč

opostos - Nasprotja

novo / usado
novo / rabljeno

nada / algo
nič / nekaj

velho / jovem
staro / mlado

ligado / desligado
vklopljeno / izklopljeno

aberto / fechado
odprto / zaprto

baixo / alto
tiho / glasno

rico / pobre
bogato / revno

certo / errado
prav / narobe

áspero / liso
grobo / gladko

triste / feliz
žalostno / veselo

curto / longo
kratko / dolgo

lento / rápido
počasi / hitro

molhado / seco
mokro / suho

ameno / fresco
toplo / hladno

guerra / paz
vojna / mir

0	1	2
zero	um	dois
Ničla	Ena	Dva

3	4	5
três	quatro	cinco
Tri	Štiri	Pet

6	7	8
seis	sete	oito
Šest	Sedem	Osem

9	10	11
nove	dez	onze
Devet	Deset	Enajst

12

doze

Dvanajst

13

treze

Trinajst

14

catorze

Štirinajst

15

quinze

Petnajst

16

dezasseis

Šestnajst

17

dezassete

Sedemnajst

18

dezoito

Osemnajst

19

dezanove

Devetnajst

20

vinte

Dvajset

100

cem

Sto

1.000

mil

Tisoč

1.000.000

milhão

Milijon

inglês

Angleščina

inglês americano

Ameriška angleščina

chinês mandarim

Mandarinščina

hindi

Hindujščina

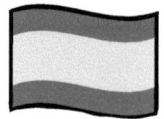

espanhol

Španščina

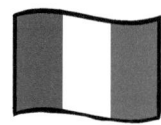

francês

Francoščina

árabe

Arabščina

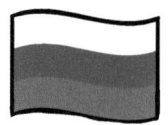

russo

Ruščina

português

Portugalščina

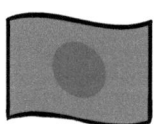

bengalês

Bengalščina

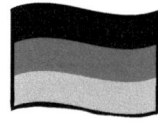

alemão

Nemščina

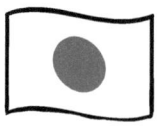

japonês

Japonščina

eu

Jaz

tu

Ti

ele / ela

On / ona / tisto

nós

Mi

vós

Vi

eles / elas

Oni

quem?

Kdo?

o quê?

Kaj?

como?

Kako?

onde?

Kje?

quando?

Kdaj?

nome

Ime

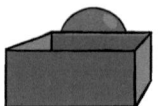

atrás

Zadaj

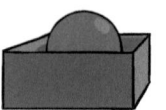

em

V

à frente de

Pred

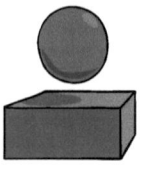

sobre

Nad

em cima

Na

debaixo

Pod

ao lado

Poleg

entre

Med

lugar

Kraj